AF230842

DU RÉTABLISSEMENT

DU

SCRUTIN DE LISTE

ÉTUDE POLITIQUE

PAR

JOSEPH REINACH

PARIS

G. CHARPENTIER, ÉDITEUR

13, RUE DE GRENELLE-SAINT-GERMAIN, 13

1880

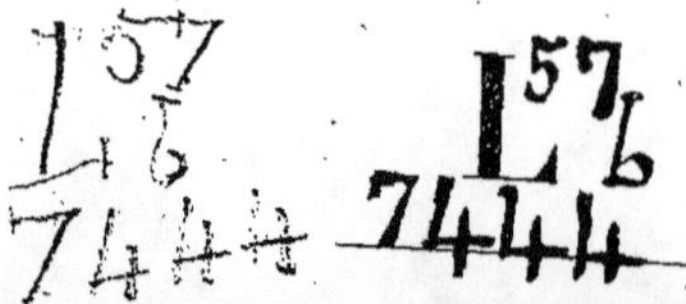

DU RÉTABLISSEMENT

DU

SCRUTIN DE LISTE

OUVRAGES DE M. JOSEPH REINACH

La Serbie et le Monténégro.. 1 vol.

Voyage en Orient... 2 vol.

TOME PREMIER. — Les premières stations. — Le Danube. — Le Bosphore.

TOME SECOND. — La Grèce. — La Grèce contemporaine. — L'Adriatique. — La question d'Orient en Orient.

La République ou le Gâchis, brochure poursuivie par le cabinet du 16 Mai.

EN PRÉPARATION :

Histoire de la perte de l'Alsace-Lorraine.

906-80. — CORBEIL. TYP. ET STÉR. DE CRÉTÉ.

DU RÉTABLISSEMENT

DU

SCRUTIN DE LISTE

ÉTUDE POLITIQUE

PAR

JOSEPH REINACH

———

PARIS

G. CHARPENTIER, ÉDITEUR

13, RUE DE GRENELLE-SAINT-GERMAIN, 13

—

1880

DU RÉTABLISSEMENT

SCRUTIN DE LISTE

I

La France est, par excellence, le pays des grandes idées
simples, et la sagacité naturelle de son esprit a toujours ré-
clamé l'application pleine et entière de celles qu'elle adop-
tait, afin qu'elles puissent librement porter tous leurs fruits.
Le suffrage universel est une de ces idées que la France a
faites siennes. L'élection par scrutin de liste est le mode
d'expression de ce suffrage qui, dès l'origine, lui a semblé
le plus logique et le plus juste. Après la révolution du 4 sep-
tembre, comme après celle du 24 février, le scrutin de liste
lui a paru le corollaire naturel du suffrage universel, et elle
l'a proclamé chaque fois comme étant le seul procédé qui
assurât tout ensemble la moralité de l'élection, l'indépendance et la plus grande élévation intellectuelle d'une représentation vraiment politique. Pour le scrutin uninominal

(arrondissement ou circonscription), la France a pu le subir quand la force ou la ruse le lui imposait : elle ne l'a jamais choisi, se rendant compte qu'il fausse l'élection, qu'il permet la corruption sous toutes ses formes et qu'il supprime deux garanties également précieuses : le droit de l'électeur et la liberté de l'élu.

« Le scrutin uninominal, a dit M. Gambetta, c'est la sophistication du suffrage universel (1) ; » et à justifier cette condamnation, deux dates pourraient suffire, celles des années qui marquent la rentrée, dans notre législation, de ce mode bâtard d'appliquer le suffrage. Donner le nom sans donner la chose, telle fut en effet, à ces deux époques qu'il convient tout d'abord de rappeler, l'ambition secrète de ceux qui, supprimant la liste, restreignaient le théâtre de l'activité électorale aux limites souvent arbitraires d'une circonscription toujours fictive. Ces circonstances historiques, les mobiles des hommes qui surent ainsi tourner et fausser l'expression de la volonté nationale, les conséquences diverses, les unes fatales, les autres dangereuses, qu'ont entraînées et déterminent encore ces changements dans la législation primitive, valent les meilleurs arguments : ils ont l'éloquence des faits.

La première fois, ce fut le 2 décembre 1851. De la même plume qui avait décrété la dissolution de l'Assemblée nationale, le président factieux de la République annonçait la restitution à la nation de la grande conquête du 24 février : le suffrage universel, et il édictait la nomination d'un corps législatif élu sans liste. Par là, par ce seul décret, Louis-

<hr>

(1) Discours à l'Assemblée nationale, le 11 novembre 1875.

Napoléon atteignait deux buts. En abrogeant les lois de mai, il jetait sur l'Assemblée nationale tout l'odieux d'une mesure restrictive de la souveraineté populaire, et dont lui-même avait pris l'initiative, il paraissait aux yeux d'une multitude ignorante comme le vengeur de ses droits et le champion de la démocratie. En abrogeant le scrutin de liste, il reprenait d'une main ce qu'il donnait de l'autre, il rendait mensongère et presque illusoire la restitution dont il faisait son excuse. Il se disait en effet que le suffrage universel, s'il eût été rétabli dans sa vérité, n'aurait pas tardé à arrêter l'œuvre détestable dont le coup d'État était le prélude ; que la corruption et l'intimidation ne peuvent s'exercer avec succès que sur le champ restreint d'une circonscription habilement découpée ; que, seul, le scrutin uninominal pouvait lui fournir cette Chambre de muets dont le silence approbateur lui était nécessaire pour mentir à l'Europe, comme le plébiscite seul, second moyen de falsification du suffrage universel, pouvait donner une absolution apparente au plus grand des crimes politiques de ce siècle. Louis-Napoléon avait raisonné juste. Le plébiscite lui donna les millions de suffrages affirmatifs qu'il réclamait, le sabre à la main, et, mutilé par la suppression de la liste, le suffrage universel obéit au maître. Sauf dans les grandes villes, tout le corps électoral abdiqua pendant vingt années. La candidature officielle fut toute-puissante. Le scrutin uninominal se laissa imposer les plus tristes créatures du pouvoir, il nomma ces Chambres dont l'insouciance et la servilité ne sont pas moins responsables des désastres et des ruines de la dernière année que le gouvernement impérial lui-même.

Le calcul que Louis-Napoléon faisait au 2 décembre en

rétablissant, dans son apparence, le suffrage universel, l'Assemblée nationale le refit le 24 novembre 1875, en maintenant, à son corps défendant, ce même suffrage. Aussi impuissante pour le détruire que pour rétablir la monarchie, elle avait une dernière espérance : l'asservir et l'altérer par le scrutin uninominal, et ce dernier moyen elle ne le laissa pas échapper ; elle eut le triste courage, à la veille de sa mort, de décocher contre la République cette flèche du Parthe. On a dit souvent que, dans la trop longue carrière de l'Assemblée nationale, l'historien devra distinguer deux parties : la première, où elle voulut restaurer la monarchie du droit divin ; la seconde, où sous la République, qu'elle était contrainte de fonder, elle s'efforça de rétablir tout l'outillage de l'Empire, de remettre en place tous ses fonctionnaires, d'employer à son profit leur esprit de ressources et leur habileté à préparer des victoires électorales. C'est à cette seconde période qu'appartient le vote qui, malgré tous les efforts de la minorité républicaine (1), abolissait le scrutin de liste. De raisons, d'arguments, la majorité réactionnaire n'en fournit guère. Mais, cette candidature officielle, qui devient illusoire lorsqu'il faut agir sur cent, sur cent cinquante mille citoyens, elle savait qu'elle peut être aisément mise en œuvre contre dix ou quinze mille électeurs, et elle se disait que la pression gouvernementale, rendue possible par le retour au système impérial, amènerait à la Chambre des députés un plus grand nombre des siens. Donc elle vota le scrutin uninominal, elle enjoignit au complice qu'elle avait placé à la présidence du conseil la pratique du

______

(1) Discours de M. Ricard et de M. Gambetta. M. Thiers et M. Grévy votèrent pour le scrutin de liste.

système immoral qui avait si longtemps soutenu l'Empire et qui avait perdu le pays.

« Mais, dira-t-on, s'il est vrai que de 1852 à 1870 le scrutin uninominal donna au second Empire une majorité aussi factice que coupable, il n'est pas moins vrai qu'en 1876 et en 1877 il déjoua le calcul perfide de l'Assemblée nationale et qu'il nomma à deux reprises une chambre républicaine. Donc, peu importe aujourd'hui le mode de vote; l'éducation du suffrage universel est faite et si bien avancée à cette heure que la candidature officielle, si elle osait encore relever la tête, ne rencontrerait que des 14 octobre; à quoi bon, dans un intérêt théorique, venir modifier ce qui existe et ce qui fonctionne régulièrement? » Objection sérieuse en apparence que celle-là et, par conséquent, qui veut être immédiatement réfutée. On allègue en faveur du scrutin d'arrondissement les deux grandes manifestations du 20 février et du 14 octobre. Mais, en premier lieu, n'est-il pas de toute évidence que le scrutin de liste eût donné contre le pouvoir absolu et le cléricalisme des résultats pour le moins aussi énergiques et décisifs ? Et en second lieu, si le calcul de l'Assemblée nationale a été déjoué en ce sens que le pays s'est par deux fois, malgré le scrutin uninominal, prononcé hautement pour la République, ce calcul n'a-t-il pas été confirmé en un double sens? d'abord parce qu'à dix-huit mois de distance, par la seule possibilité de la candidature officielle que le scrutin uninominal tient toujours en réserve, il a été facile aux hommes de la réaction cléricale de semer dans tout le corps électoral des germes funestes de corruption et d'immoralité ; — ensuite, parce que les Chambres qui sont nées du vote par arrondissement ont été moins fortes pour le bien de la République que ne l'eussent été des Chambres élues par le scrutin de liste.

Que la seule possibilité de la candidature officielle soit un mal et que le scrutin de liste soit seul capable de supprimer à jamais l'usage de cette arme néfaste, il n'est personne, croyons-nous, qui n'en convienne aujourd'hui après une triste expérience. Que les assemblées de 1876 et de 1877 aient été sous de nombreux rapports inférieures à leur tâche, cette question est plus délicate et pourtant nous n'hésitons pas à l'aborder, à la trancher dans un sens affirmatif. Oui, nous sommes les premiers à le reconnaître, oui, les deux Chambres du 20 février et du 14 octobre ont rendu au pays de grands et précieux services : elles ont abattu le pouvoir personnel, en cinq années elles ont fait plus pour l'instruction nationale que toutes les assemblées précédentes en cinquante, elles ont préparé nombre de lois politiques et économiques excellentes, elles ont déclaré au cléricalisme une guerre juste et courageuse, et qui est la consécration même de l'œuvre de la Révolution. Mais cette belle médaille a son revers, et les erreurs que nous allons dénoncer, ce n'est pas seulement aux faiblesses inhérentes à la nature humaine qu'il faut les imputer, c'est surtout, c'est presque uniquement aux conséquences fatales du mode d'élection auquel ces deux Chambres doivent leur origine. Et, en effet, est-ce que les intérêts locaux et individuels n'ont pas trop souvent tenu dans leur activité une place tristement prépondérante ? est-ce que la liberté d'action du député n'a pas été sans cesse, et non sans quelque honte, contrariée par des considérations d'un ordre infime ? est-ce que la cupidité turbulente de quelques grands électeurs influents n'a pas souvent jeté sur la Chambre elle-même un discrédit préjudiciable à la République? est-ce qu'enfin le croisement incessant d'ambitions et de rancunes particulières n'a pas trop longtemps, et aujourd'hui même, empêché la formation d'une vraie majorité gouvernementale stable, ferme, résolue, ayant un programme et sachant le faire appliquer ? Certes, la majorité de la Chambre actuelle a été *une* quand il s'est agi de chasser du pouvoir les hommes du 16 mai ou d'entamer la lutte contre le cléricalisme ; mais quel cabinet issu d'elle a pu compter sur elle? Chose étrange en vérité et triste pour un pays qui a la volonté de se vouer au régime parlementaire ! La Chambre actuelle n'a su ni soutenir efficacement ni renverser par un vote formel un seul des ministères qui se sont présentés devant elle. Les cabinets présidés par M. Dufaure et par M. Waddington avaient perdu sa confiance qu'elle leur donnait encore ses voix, ce qui ne les empêchait pas de tomber huit jours plus tard, sous le poids de leurs propres fautes et, pour ainsi dire, en dehors de la sphère d'activité du parlement. En revanche, le cabinet que préside M. de Freycinet a certainement la confiance de la Chambre, mais hier, sur une question de détail, sans presque s'en douter, elle a failli le renverser et elle le renversera peut-être demain. Pourquoi chercher à le nier ? Quel que soit le cabinet qui soit aux affaires, il n'existe pas pour lui dans la Chambre actuelle de majorité gouvernementale réelle, et cela par le seul fait de son origine vicieuse, par le seul fait du scrutin d'arrondissement. Supposez la prochaine Chambre issue pareillement du scrutin uninominal : nous osons dire que l'exercice régulier et normal du gouvernement parlementaire ne tardera pas à être rendu impossible. Ah ! que

M. Gambetta lisait juste dans l'avenir quand il s'écriait dans l'un de ses discours du mois de novembre 1875 : « Les lois qui règlent la manière de donner le suffrage et de le recueillir sont aussi essentielles, aussi fondamentales pour l'avenir de la société que les lois mêmes qui le reconnaissent et l'établissent. »

On le voit : le calcul que firent en 1875 les ennemis de la République qui votèrent le rétablissement du scrutin uni-nominal, ce calcul n'a pas été déjoué entièrement, et la coalition des partis réactionnaires n'aura pas été stérile. Certes, grâce à l'éducation de plus en plus avancée du suffrage universel, grâce au progrès des idées libérales et démocratiques, grâce à la cohésion du parti républicain, le mal qui a été fait est moins grand que ne l'avaient rêvé les hommes de l'Assemblée nationale. Mais parce que la constitution si heureusement robuste du pays a empêché le mal de se développer dans ses dernières conséquences, s'en suit-il qu'il ne faille pas lui chercher un remède, et profiter des conditions favorables du présent pour parer dans l'avenir de plus funestes dangers ? L'opinion publique ne l'a pas pensé : dès aujourd'hui, dans son grand ensemble, elle demande le retour au scrutin de liste.

II

La véritable politique ne consiste pas dans l'application mécanique de principes abstraits : elle repose sur la connaissance exacte des hommes et des choses; elle consiste à rechercher par quels moyens pratiques le législateur peut et doit tirer d'une théorie devenue loi tout ce que cette théorie, celle de la souveraineté nationale par exemple, peut renfermer de meilleur, de plus intelligent et de plus vivace. Ainsi, étant donné le suffrage universel, ce qu'il s'agit de déterminer, c'est de quelle manière il convient de l'interroger, afin que la Chambre des députés élue par lui représente réellement la grande volonté politique du corps électoral, afin qu'elle soit en état de réaliser avec le plus de sagesse et d'indépendance le gouvernement du pays par le pays et de développer, pour le mieux de tous, les intérêts généraux de la nation.

Tout d'abord, il est un point qu'il convient de mettre en pleine lumière : le vote des lois n'est qu'une partie de la mission qui, dans l'esprit de la constitution du 24 février, comme en général dans l'esprit de toutes les chartes et constitutions des gouvernements parlementaires, incombe à l'Assemblée le plus directement issue du suffrage populaire. En effet, outre qu'elle est le pouvoir législatif par excellence, l'Assemblée que nous appelons Chambre des députés et que les Anglais appellent Maison des communes, cette Assemblée est par son essence même, et par la volonté de ses électeurs, le grand pouvoir directeur de la nation ; — et tel est peut-être ce qui constitue la différence la plus importante entre les deux grands corps parlementaires. Car le Sénat, d'après la constitution, jouit à la vérité de la même initiative législative que la Chambre des députés et, sauf en matière budgétaire, des mêmes attributions et des mêmes droits. Mais comme il ne sort pas immédiatement des entrailles du pays, comme il ne peut passer que pour une image affaiblie de la nation, il ne saurait prétendre, à moins d'un contresens constitutionnel, à ce rôle de pouvoir directeur qui ne lui revient effectivement que dans le cas où il use de cette dangereuse prérogative, le droit de dissolution. Tout le reste du temps, c'est à la Chambre des députés qu'il appartient de conduire la politique nationale, et c'est là la seconde partie de son mandat, la plus haute, la plus essentielle, celle qui lui impose la plus grande responsabilité. Assemblée politique par excellence, elle a charge de désigner au pouvoir exécutif quelle est la voie où le peuple entend marcher. L'opinion publique, dans ses grands courants, c'est elle qui doit la traduire. La volonté du corps électoral, c'est elle qui doit en être le premier interprète, c'est elle qui doit l'indiquer aux cabinets choisis par le chef de l'État, pour que cette volonté soit la base même de leurs programmes. Chez nous, comme en Angleterre, un ministère peut se passer de la majorité de la Chambre haute : s'il n'a pas celle de la Chambre des députés, il doit en demander la dissolution ou se retirer, car le dogme de la souveraineté populaire se traduit par le suffrage universel ; et elle seule sort directement de ce suffrage. Ainsi c'est d'elle seule que doit émaner cet esprit qui constitue la politique d'un gouvernement et qui devient l'histoire même de la patrie. Elle doit être la plus haute personnification du pays. Ses membres ne sont pas de simples législateurs : ils sont, ils doivent être avant tout les mandataires de la France.

Tel étant le rôle qui, dans la constitution d'un peuple libre, incombe à la Chambre des députés, telle étant dans toute sa beauté et dans toutes ses difficultés sa mission indéniable, on voit quelle est la question qui se pose : Au suffrage universel qui donne, selon le mode d'interrogation qu'on emploie à son égard, une assemblée politique ou un grand conseil général, c'est une assemblée politique qu'il faut demander. Du scrutin de liste ou du scrutin uninominal, quel est celui qui fait sortir du suffrage universel l'assemblée politique apte à présider réellement aux destinées du pays? quel est celui qui assure la plus large pratique de la souveraineté nationale?

Pendant près d'un siècle le parti républicain n'a cessé de répondre tout d'une voix à cette question : « Le scrutin de liste ! »

Pourquoi cette réponse? Nous allons essayer de le dire.

Le scrutin de liste s'adresse à un département tout entier ; le scrutin uninominal s'applique à un arrondissement ou à une circonscription artificielle que le législateur ou le pouvoir exécutif découpent dans l'arrondissement. Or, tandis que le département est la circonscription politique par excellence, l'arrondissement n'est qu'un simple groupe de cantons, groupe intermédiaire que la Constitution de l'an III avait supprimé, que le pouvoir issu du 18 Brumaire avait rétabli pour sa commodité administrative, et qui n'a jamais constitué une unité réelle. Qu'est-ce, en effet, que le canton ? C'est une circonscription administrative et une circonscription judiciaire, pas autre chose. Donc, au point de vue politique, la réunion de plusieurs cantons en arrondissement est une pure fiction. Constatation importante que celle-là et qui va primer tout le débat. Car, tels étant les caractères respectifs du département et de l'arrondissement, ne peut-on pas prévoir d'ores et déjà que si le département tout entier est appelé à voter, ses mandataires en représenteront au plus haut degré l'opinion politique, et dans leur ensemble, dans leur généralité, les grands intérêts industriels et commerciaux ; mais que, si le théâtre de l'élection est restreint à un arrondissement, le député ne représentera plus qu'accessoirement l'opinion politique de ses électeurs, et représentera principalement, souvent même exclusivement, de simples intérêts locaux?

Que les intérêts locaux doivent avoir leur représentation assurée, nul ne l'a jamais contesté, et les assemblées départementales, conseil général, conseil d'arrondissement, conseils municipaux, ont été créées à cet effet; mais la Chambre des députés, nous avons commencé par l'établir, a une autre mission, et c'est l'accomplissement de cette mission qui doit préoccuper avant tout le législateur électoral. Or, s'il est une observation qui soit constante et naturellement explicable, c'est que la part des intérêts locaux et des ambitions personnelles au sein d'un groupe quelconque diminue en raison directe de l'importance numérique de ce groupe. Ainsi, si vous consultez les électeurs d'une circonscription restreinte, forcément, ce qui dans la plupart des cas les déterminera à prononcer, ce ne sera point le souci des grandes affaires publiques, le souci de la patrie : ce sera le souci des intérêts privés et, dès lors, la couleur du drapeau deviendra la considération accessoire. Mais si vous vous adressez aux électeurs d'un département tout entier, les passions locales disparaîtront par le seul fait de l'étendue de la circonscription, et ce sera à l'opinion politique des électeurs et à elle seule que les candidats s'adresseront. De là, ces conséquences logiques. Dans l'arrondissement, le député se met au service de quelques individus ; dans le département, il se met au service d'une idée, d'une théorie, d'une grande revendication politique. Dans l'arrondissement, ce qui capte le plus grand nombre de suffrages, c'est la perspective de faveurs, ce sont les promesses auxquelles le crédit personnel semble assurer le plus sérieux succès. Devant tout le corps électoral d'un département, il ne peut plus être question de promesses ; et comme la possibilité d'une pression officielle, la possibilité de la corruption disparaît. Dans l'arrondissement, le député devient fatalement un simple commissionnaire, le procureur fondé de pouvoir d'un nombre infime et infiniment intéressé d'individus. Dans le département, les hommes étant toujours ce que leurs origines les font, ce même député est forcément le porte-drapeau, le vrai mandataire politique de ses électeurs. Ainsi, à mesure que la circonscription s'agrandit, d'une part le caractère du mandat s'élève et s'épure, et de l'autre l'assemblée qui va émaner du suffrage populaire s'approche de plus en plus du prototype que nous avons indiqué, elle réalise de plus en plus la haute mission de gouvernement qui lui est attribuée par la constitution et par le caractère même de notre démocratie moderne. Ainsi encore, des divisions et des subdivisions de territoire, telles que les a établies la Révolution, il résulte que le scrutin uninominal est en contradiction flagrante avec la nature du rôle qui doit incomber à la Chambre des députés, et que le scrutin de liste est au contraire dans la vérité constitutionnelle, c'est-à-dire dans la substitution constante et normale d'une opinion, d'une théorie et d'un drapeau à une collection d'intérêts secondaires. Avec le scrutin de liste, c'est la France politique qui est représentée par la Chambre des députés. Avec le scrutin d'arrondissement, telle grande usine a ses mandataires, la France elle-même n'a pas les siens.

A cette série de déductions que notre histoire parlementaire n'a cessé de confirmer depuis un siècle, on répond en général par cette question qui veut être embarrassante : « Prétendez-vous que le scrutin de liste et le scrutin uninominal aient chacun un personnel distinct, et que celui du scrutin de liste soit plus riche en connaissances politiques et pratiques, plus élevé de sentiments, plus indépendant de caractère, plus apte en conséquence à remplir la tâche que lui impose le suffrage universel ? » Eh bien ! oui, cela est vrai, bien qu'en partie seulement. Oui, ce mode de sophistiquer le suffrage universel, le scrutin uninominal donne des résultats inférieurs dans leur ensemble à ceux du scrutin de liste, parce que subrepticement, mais par une conséquence toute naturelle, il introduit dans la pratique électorale un véritable cens qui est une honte pour une démocratie comme la nôtre. Il faut expliquer ce triste phénomène. Sauf dans quelques grandes villes, la nomination du député par le scrutin d'arrondissement exige la conquête préalable d'une influence locale ; et, cette influence, il est toute une catégorie de citoyens qui se trouve presque toujours dans l'impossibilité absolue de la conquérir jamais. Or, ces hommes, quels sont-ils? Ceux-là précisément qui, par leur talent, par leur éducation politique, par l'étendue de leurs connaissances, par la grande position acquise dans l'un des domaines de l'esprit, sont tout ce que le pays a de plus énergique et de plus puissant pour sa stabilité et pour son repos (1), pour la direction haute et ferme de ses affaires. Mais pourquoi le scrutin uninominal les exclut-il? Par une raison bien simple. Parce que ce penseur, ce philosophe, ce journaliste, cet historien, cet ingénieur, cet avocat, cet artiste, ce savant qui a consacré sa jeunesse aux fortes études et aux plus nobles labeurs, il n'a pas le loisir de s'absorber dans la longue et pénible conquête d'une position cantonale; parce qu'il ne se sent pas le cœur à pareille besogne; parce que la corruption la plus discrète lui répugne, que sa fierté ne se courbe pas au mandat impératif qui résulte nécessairement de l'élection uninominale; parce que d'ordinaire sa bourse est modeste, et que le scrutin d'arrondissement est très cher.

Ainsi, c'est l'essence même du suffrage universel qui se trouve compromise par le scrutin uninominal; et c'est son principe, principe démocratique par excellence, qui se trouve atteint chaque jour par la substitution d'influences vulgaires, trop souvent malsaines et démoralisatrices, aux seules influences qui soient réellement grandes et légitimes, aux influences d'ordre national, celles de l'intelligence et du caractère. Mais ce n'est pas seulement parce que le scrutin d'arrondissement laisse en dehors de la représentation po-

(1) Voir le discours prononcé, le 11 novembre 1875, à l'Assemblée nationale, par M. Gambetta.

pulaire. des hommes d'une haute valeur intellectuelle et morale, que les assemblées issues du scrutin de liste sont politiquement supérieures à celles qui sont le produit des élections d'arrondissement. Ce que nous voulons démontrer, c'est qu'à la supposer composée exactement du même personnel, la Chambre des députés change de caractère selon que ses membres sont les élus d'un département ou d'un arrondissement ; — c'est que tant vaut le mode d'élection,. tant vaut l'assemblée élue. Nous avons déjà indiqué une première cause de ce fait important: l'élévation du mandat législatif qui correspond à l'agrandissement de la circonscription électorale. La seconde cause est plus grave encore : elle est dans l'atteinte que le scrutin uninominal porte incessamment à la moralité du corps électoral et, par contre-coup, à l'indépendance de l'élu.

Car, ces deux vertus, ces deux garanties indispensables à un État démocratique, comment, même dans un pays dont l'éducation politique serait parfaite, comment pourraient-elles résister à toutes les embûches et à toutes les séductions d'un mode de vote qui a été inventé contre elles? Suivez un instant dans ses développements successifs le travail du scrutin d'arrondissement. C'est d'abord le lent et pénible labeur que nécessite la conquête indispensable d'une influence cantonale : labeur qui, mené par le plus honnête homme, est bien voisin de la plus néfaste des corruptions, la corruption par l'argent. C'est ensuite le jeu même de la lutte électorale, les mille intrigues des candidats toujours surabondants, le véritable achat de voix auquel chaque comité est presque obligé de se livrer : achat qui se fait sous des formes diverses, par les promesses, par les espérances, par les perspectives de faveurs ; qui bientôt, si le Parlement ne prend une résolution énergique, se fera par des dons pécuniaires, comme en Angleterre, comme en Espagne, comme aux États-Unis, comme au Mexique. C'est encore le contrat peu dissimulé qui intervient entre les mandants et le mandataire ; car, tout comme au temps du suffrage restreint, « les électeurs consentent à devenir le marchepied du député, pourvu que celui-ci leur rende en faveurs du gouvernement le crédit qu'ils lui valent auprès du pouvoir ; la prime est égale des deux côtés, — une espèce de compte en participation, une association immorale dans toute la force du mot (1). » C'est le mandat impératif tacitement donné et tacitement accepté, le contrat honteux qui lie le député, qui opprime sa conscience, son indépendance, qui le forcera à voter contre son jugement, parce que ce sera l'intérêt de tel grand manufacturier qui dispose de deux mille voix et qui fait l'élection. C'est enfin, comme conséquence inévitable de tous ces compromis et de toutes ces abdications, la diminution devant le corps électoral lui-même de la tâche, de la dignité du représentant du peuple. Investi du mandat législatif, que devient le député ? Cherchez-le. La plupart du temps vous ne le trouverez pas à la Chambre, ni dans les bureaux, ni dans son cabinet. Où est-il ? Il est dans les antichambres des ministères. Chaque jour, il reçoit cinquante lettres lui rappelant des promesses, lui apportant de nouvelles demandes : clientèle insatiable que la sienne, et toute-puissante sur lui, pour laquelle nulle démarche ne lui répugne, pour laquelle il se fait solliciteur

____

(1) Lettre de Léon Faucher à Odilon Barrot en 1839.

et quémandeur de toutes les autorités ; et comment cela ne serait-il pas ? Car une fois élu, il n'a plus qu'un souci au monde : être réélu, et, pour être réélu, il faut à force de services, de complaisances et de faveurs, conserver ces bonnes grâces si laborieusement conquises, que menace par derrière un rival, conseiller général ou d'arrondissement, qui lui aussi rêve le mandat législatif et qui, pour l'obtenir, intrigue de son côté. Donc le député sollicitera sans fin pour ses électeurs, prenant aux ministres le meilleur de leur temps, les dégoûtant de leur tâche, troublant les administrations, arrêtant la marche des affaires sérieuses. Mais il sollicitera aussi pour lui-même ; car, pour être réélu, il ne s'agit pas seulement de se dévouer à sa circonscription, il faut encore en être maître, et pour cela, dans toutes les fonctions, dans toutes les dignités, il lui faut, qu'elles soient capables ou non, des créatures à lui, des hommes qui lui devront leur avancement ou leur place, qui témoigneront leur reconnaissance en vantant son dévouement, en prônant son influence, en pétrissant la pâte électorale... Et pendant que la liberté de l'élu sera ainsi soumise aux besoins et aux caprices de ses mandants, pendant que sa mission, qui était de diriger les affaires du pays, se réduira ainsi à faire celles de ses électeurs ou du grand électeur de sa circonscription, qu'adviendra-t-il ? De jour en jour, insensiblement, par la suite naturelle de son origine, cet homme qui devait être un mandataire de la France et l'un des inspirateurs d'une grande politique nationale, il ne sera plus que le médiocre représentant des intérêts particuliers d'un canton ou de plusieurs familles, le triste porte-voix de quelques cupidités sans vergogne, le serviteur obéissant de quelques agitateurs sans patriotisme et sans autorité. De jour en jour, son horizon se restreindra aux bornes de l'arrondissement qui l'a choisi ; il finira par ignorer la France ; toute vue d'ensemble lui sera rendue impossible ; il ne saura voir ni de haut ni en avant ; il ne pourra plus apprécier les mesures législatives que selon l'intérêt exclusif de quelques-uns de ses mandants et non pour des conséquences générales. Il ne connaîtra plus des choses que leur valeur relative ; à moins de circonstances exceptionnelles, il ne pourra pas s'élever au-dessus de ces préoccupations de clocher qui sont sa seule force cantonale et qui sont la faiblesse politique de l'Assemblée où il siège. Et alors cette Assemblée elle-même n'aura plus d'un corps dirigeant qu'un vain nom, — elle ne sera plus qu'un grand conseil général. Eh bien ! nous le demandons, cela est-il moral que, dans une démocratie comme la nôtre, la liberté de l'élu soit aliénée de la sorte, cette liberté qui n'est autre chose que sa dignité et son honneur, donc la dignité et l'honneur même du corps électoral ? Cela est-il bon que le pays s'habitue à considérer ses députés comme des commissionnaires à gages ? Cela est-il à l'avantage de la République que la Chambre des députés diminue ainsi, par le seul fait de son origine vicieuse, et son caractère et ses attributions ? que par suite, au milieu de la contradiction inévitable des mille intérêts de clocher qui s'agitent en son sein, il lui devienne impossible de formuler un programme politique, de trouver en elle-même la majorité stable et forte sans laquelle aucun gouvernement ne saurait vivre et assurer la confiance dans le lendemain ?

III

Faire le procès du scrutin d'arrondissement, c'est déjà plaider en faveur du retour au scrutin de liste, et montrer quels sont les vices inhérents au premier, c'est déjà démontrer la supériorité du second (1). Ainsi, cette possibilité de la candidature officielle que le scrutin d'arrondissement tient toujours en réserve et qui par elle-même est un mal, elle disparaît à jamais avec le scrutin de liste ; car on peut employer la ruse et l'intimidation contre une circonscription restreinte : sauf au lendemain d'un deux décembre, on ne trompe pas et on n'intimide pas un département tout entier. Ainsi, plus de corruption électorale ; car on peut acheter sept ou huit mille voix, mais deux ou trois cent mille électeurs ne sont pas à vendre. Ainsi plus de cens indirect, car si l'arrondissement dénationalise les suffrages en fractionnant et en isolant les électeurs, et si la base même du scrutin uninominal est la conquête préalable d'une coûteuse

(1) Nous croyons utile de prévenir que nous n'avons pas en vue, dans cette étude, le scrutin de liste tel qu'il a été pratiqué en 1848 et en 1871, et dont les défectuosités pratiques sont connues ; mais bien le scrutin de liste dont, à l'Assemblée nationale, M. Gambetta formulait ainsi, le 24 novembre 1875, les conditions d'exercice : « Chaque département élit autant de députés qu'il renferme de fois 70,000 habitants, sans qu'aucun département puisse être réduit à un nombre de députés inférieur à celui des arrondissements qui le composent. Toute fraction de plus de 35,000 habitants compte pour 70,000.

« L'élection a lieu au scrutin de liste par département. Tout département qui nomme moins de 10 députés forme une seule circonscription. La loi établit, dans les départements qui nomment plus de 10 députés, des circonscriptions électorales. »

influence cantonale, c'est une grande autorité départementale ou nationale qu'il faut au scrutin de liste, et qui lui suffit : avec lui, il ne s'agit plus d'être l'homme de quelques-uns, celui dont on peut attendre le plus d'appui pour tous ces petits intérêts vulgaires qui sont de grands appétits perturbateurs, — c'est le pays tout entier qu'il faut avoir servi avec distinction, il s'agit d'être un homme vraiment considérable, « vraiment digne et capable par ses talents, son existence et son caractère, de concourir à la confection des lois. » Ainsi encore, plus de vaines candidatures surgissant d'elles-mêmes sans raison d'être et « foisonnant comme la médiocrité ; » car sur le large terrain du département, quand une élection législative est prochaine, ce sont les notables de chaque parti qui s'assemblent et correspondent, ce sont les communes, comme pour une élection sénatoriale, qui nomment leurs délégués; et ce ne sont plus alors de simples noms qui se trouvent en présence, mais des opinions, des doctrines, des drapeaux, c'est-à-dire des listes. On objecte : les comités et les journaux tyranniseront les campagnes, les grandes villes exporteront leurs candidats, quelques célébrités se feront les remorqueurs d'inconnus serviles. Plaisantes objections en vérité ! « Les comités et les journaux tyranniseront les campagnes ! » Quels comités? quels journaux ? Est-ce que tous les partis n'ont pas les leurs? — « Les listes de candidats seront faites par un comité central ! » Pourquoi? Comment ? Où donc et quand s'est révélée « cette action mystérieuse d'une Sainte-Vehme électorale », décrétant des mots d'ordre qui terrifient les populations, prenant des candidats qu'on ne connaît pas avant l'élection et qu'on impose à la volonté des électeurs? — « Les listes de candidats arriveront

toutes faites de Paris ! » Quand donc cela s'est-il vu ? « Lors-
que les comités des départements s'adressent à la capitale, disait encore M. Gambetta, croyez qu'ils sollicitent peut-être un
surcroît de forces, mais que, si vous les contrariez, ils se pas-
seront de vous ! » Paris propose, Paris n'impose pas de noms.

On le voit : par le seul fait de l'extension de la circonscription, par le seul fait de la liste, la moralité électorale
et politique du pays est assurée d'une nouvelle garantie ; l'élu,
plus digne de son mandat, est en état de le remplir dans
toute sa vérité ; l'Assemblée législative, plus libre et plus
fortement composée, va réellement pouvoir accomplir sa
mission. Point n'est besoin de développer tous ces avantages.
Le scrutin de liste, croyons-nous, amènera à la Chambre des
députés nombre de citoyens que l'arrondissement en tenait
éloignés et dont la république saura mettre à profit l'intelligence, le caractère et la science. Mais à supposer que tout
le personnel politique actuellement existant dans le pays soit
réparti dans le parlement, le même homme, député du scrutin de liste ou du scrutin uninominal, sera tout autre.

Et, en effet, ce qu'il a derrière lui, ce n'est plus une
dizaine de cantons, c'est un département. Ce qu'il a mission
de réaliser, ce ne sont plus des promesses individuelles, car
il n'en a point fait : c'est la conquête ou la conservation des
droits, des garanties publiques, des libertés, des grands intérêts industriels et commerciaux qui sont inscrits sur le mandat
de sa liste. Ce qu'il doit satisfaire pour mériter les honneurs
d'une réélection, ce n'est plus la cupidité de quelques familles, ce sont les aspirations de cent mille citoyens dont il
est l'organe. Il ne passe plus son temps à mendier dans les
ministères et les administrations : il se consacre forcément à

l'étude des réformes toujours nouvelles que réclame le progrès, la marche en avant, sans laquelle la République ne serait qu'un vain mot. Tenant son mandat d'un département tout entier, c'est-à-dire de la seule circonscription politique qui soit dans le pays, il n'est plus à la chaîne comme jadis, il pourra voter dans l'indépendance pleine et entière de sa conscience; délivré de la surveillance gênante et injurieuse des comités locaux, il redevient ce qu'il doit être : responsable. On a dit (1) : « Les rapports de l'électeur et de l'élu sont brisés. » Assertion inexacte. Ce qui est brisé, c'est l'esclavage de l'élu : la communion entre le mandant et le mandataire reste la même. Seulement, ce ne sera plus de la satisfaction de tel ou tel intérêt privé que le député rendra compte, ce sera de la réalisation de telle ou telle grande réforme, de la conquête de tel droit nouveau ; il ne viendra plus dire : « Je vous ai promis tant de places, tant de fonctions, tant de pensions, tant d'exemptions, tant de décorations, tant de faveurs, et tout cela je l'ai obtenu. » Mais bien : « Vous m'avez ordonné de rendre la République forte, d'agrandir le domaine des libertés publiques, de développer l'instruction, d'assurer le maintien des droits de l'État, de poursuivre, avec une énergie toujours nouvelle, l'œuvre de la reconstitution militaire de la patrie ; j'ai tenu ma promesse, j'ai travaillé, j'ai écrit, j'ai parlé ; ces conquêtes auxquelles vous aspiriez, la Chambre des députés les a réalisées. »

Ah ! tenez ! il est possible qu'à la pensée d'être soumis à une épreuve électorale d'un nouveau genre, à l'idée d'une candidature incertaine, ou peut-être sous la pression de vains

(1) M. Dufaure.

scrupules théoriques, il se trouve dans la Chambre quelques députés républicains assez oublieux des principes séculaires du parti et des grands intérêts de la France, pour combattre le rétablissement du scrutin de liste! Mais quand, sous la pression énergique de l'opinion, le parlement aura voté ce retour à la pratique loyale et franche du suffrage universel, quand le pays aura été consulté de nouveau, quand la plupart reviendront à la Chambre des députés avec un mandat plus noble et une mission plus haute... oh! nous l'entendons déjà, le soupir de profonde satisfaction qu'ils pousseront en se retrouvant libres et forts, libres de bien servir la République, forts pour bien combattre les tentatives du passé, en se sentant, eux qui furent si longtemps de trop serviles machines, fiers d'être redevenus des hommes!

Et cette Chambre elle-même, cette Chambre du scrutin de liste, comme son allure sera plus noble, comme sa souveraineté sera plus manifeste, son action plus puissante! Comme elle éveillera l'idée de la grande unité nationale, comme elle sera bien l'assemblée politique par excellence, le corps dirigeant de la France, l'image de la patrie. Quand elle parlera, ce sera la voix même du pays qui sera entendue. Étant homogène, elle aura un programme et, ayant ce programme, elle donnera au gouvernement émané d'elle toute la stabilité et toute la sécurité que la République réclame pour grandir en paix. Plus de crises ministérielles toujours imminentes, provoquées ou retardées sans raison d'être. Plus d'incertitude du lendemain. Sachant exactement ce qu'elle veut, elle saura à la fois guider l'opinion publique et imposer la volonté vraie du corps électoral; n'étant pas ballottée sans cesse entre mille préoccupations secondaires, elle dirigera réellement la politique du pays, elle pourra aborder dans toute leur grandeur et dans toutes leurs difficultés ces problèmes intérieurs et extérieurs dont aujourd'hui l'on ose à peine parler à mi-voix. Mais elle ne sera pas seulement l'Assemblée politique, elle sera également la Chambre des affaires par excellence. Car elle verra de haut, et, voyant de haut, elle pourra résoudre dans la vérité ces grandes questions économiques dont la diversité des intérêts, au sein d'une Chambre issue du scrutin uninominal, arrête, retarde ou fausse presque toujours la solution. Qu'y aura-t-il donc de changé dans cette Chambre ? Sa composition ? Oui, quelque peu, mais surtout, mais radicalement son esprit.

Contre le rétablissement du scrutin de liste, la majorité républicaine du parlement a-t-elle quelque argument sérieux à faire valoir ? Nous ne le croyons pas. Le scrutin uninominal a toujours été l'instrument dont se sont servis les ennemis de la République et de la Démocratie pour paralyser l'essor du suffrage universel, pour arrêter l'action de la souveraineté nationale. Ce serait une nouveauté déshonorante que de voir les représentants de la République et de la Démocratie prendre en main ces vieilles armes rouillées. Cela n'aura pas lieu. Nous n'en voulons pour assurance que le passé même de la Chambre des 363, que le souvenir de ce pouvoir personnel qu'elle a si vaillamment combattu et abattu.

En 1875, la minorité républicaine de l'Assemblée nationale a voté le maintien du scrutin de liste, comme étant le mode du suffrage universel le plus naturel, le plus juste, celui qui est la confiance dans la sagesse du peuple, la garantie et la pureté des mœurs politiques. Elle a repoussé le scrutin uninominal, comme étant la sophistication du suffrage. Aujourd'hui cette minorité de l'Assemblée nationale est devenue la majorité des deux Chambres. Nous lui demandons de rester logique avec elle-même ; dans l'intérêt de la démocratie et de la liberté, nous lui demandons d'oublier son origine passagère, pour ne se souvenir que des vérités démontrées naguère par ses orateurs les plus illustres avec tant de patriotique éloquence. Qu'à l'expiration de son mandat, la Chambre des 363 laisse à la nation, comme testament politique, le rétablissement du scrutin de liste, et la République démocratique sera véritablement fondée, le gouvernement du pays par le pays aura trouvé son expression définitive !

Joseph REINACH.

Paris, juin 1880

906-80 — Corbeil. Typ. et Stér. Crété.

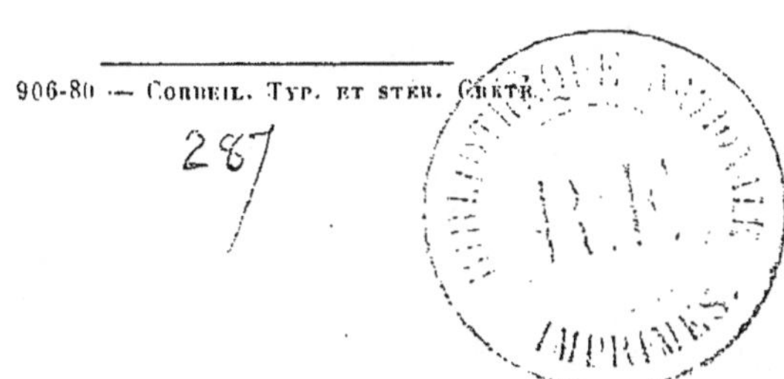